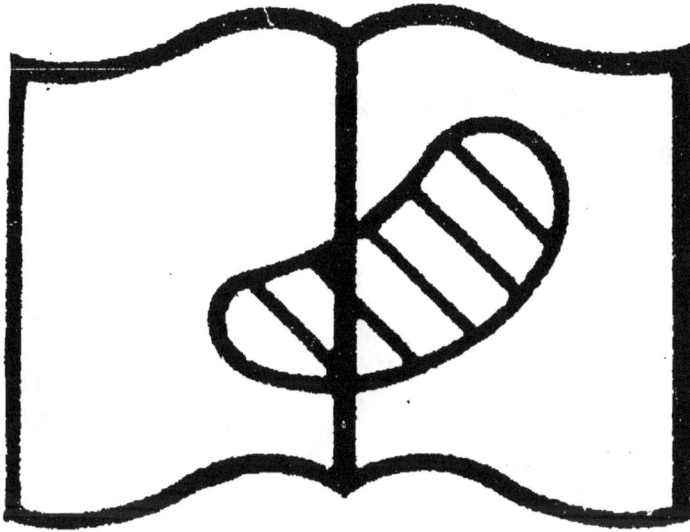

Illisibilité partielle

VALABLE POUR TOUT OU PARTIE DU
DOCUMENT REPRODUIT.

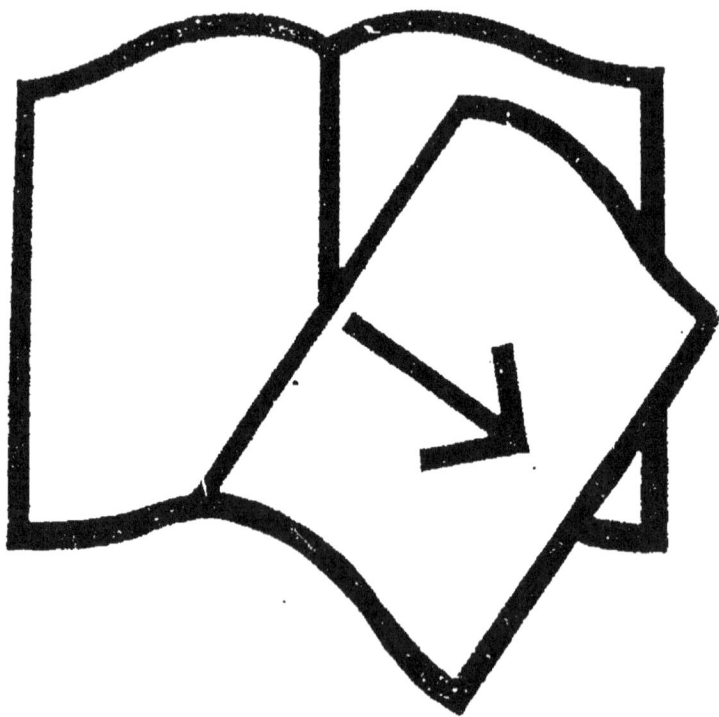

Couvertures supérieure et inférieure
manquantes

NOTICE

SUR LES

SEIGNEURS DE DOMFRONT

Par Julien PITARD

SEIGNEUR DE BOUDÉ ET DE St-JEAN-DU-CORAIL

Précédée d'une

NOTICE BIOGRAPHIQUE & BIBLIOGRAPHIQUE

SUR L'AUTEUR

Par M. H. SAUVAGE

JUGE-DE-PAIX A LELOUROUX-BÉCONNAIS

Membre de plusieurs Sociétes savantes.

ALENÇON

DE BROISE, IMPRIMEUR ET LITHOGRAPHE

PLACE D'ARMES, 5.

1869

NOTICE

SUR LES

SEIGNEURS DE DOMFRONT

Par Julien PITARD

SEIGNEUR DE BOUDÉ ET DE St-JEAN-DU-CORAIL

Précédée d'une

NOTICE BIOGRAPHIQUE & BIBLIOGRAPHIQUE

SUR L'AUTEUR

Par M. H. SAUVAGE

JUGE-DE-PAIX A LELOUROUX-BÉCONNAIS

Membre de plusieurs Sociétés savantes.

ALENÇON

E. DE BROISE, IMPRIMEUR ET LITHOGRAPHE

PLACE D'ARMES, 5.

1869

SEIGNEURS
DE
DOMFRONT
EN PASSAIS

E. De Broise, Alençon.

NOTICE

BIOGRAPHIQUE ET BIBLIOGRAPHIQUE

SUR L'AUTEUR

—

Sur la foi de Caillebotte, l'un des historiens de Domfront (1), nous avons longtemps cru que Julien Pitard était né, soit dans cette ville, soit dans l'une des paroisses qui dépendent de son ressort. L'acte de baptême de ce gentilhomme Normand, que nous avons heureusement retrouvé au greffe du tribunal civil de Mortain, nous a permis de rectifier cette erreur. Nous l'avons déjà fait dans deux de nos précédentes publications (2), et nous sommes fiers d'avoir aujourd'hui un motif plus particulier de le revendiquer d'une manière plus spéciale pour le Mortainais. Il est vrai que la cérémonie de ce baptême ne se fit dans

(1) *Essai sur l'histoire et les antiquités de Domfront*, 4ᵉ éd. 1840, p. 75.
(2) *Recherches historiques sur l'arrondissement de Mortain*, 1851, p. 594. — *Mortainais historique et monumental*, 15. St-Jean-du-Corail, 1861, p. 76.

l'église paroissiale de Saint-Jean-du-Corial que près d'un mois après la naissance du jeune enfant, qui avait été probablement ondoyé; mais comme tous les frères de Julien sont également nés au château de Saint-Jean, il n'est guère possible d'avoir de doutes sur le lieu où naquit l'aîné de la famille. De plus, à raison de la saison rigoureuse dans laquelle il était venu au monde, on ne peut pas supposer qu'on se fût exposé à lui faire subir les fatigues d'un voyage. Nous l'avons donc inscrit en toute sûreté dans la liste des hommes distingués de l'arrondissement de Mortain. En même temps, nous l'avons retranché avec intention de la nomenclature des célébrités Domfrontaises, dans la 2e édition de l'histoire de Domfront de M. F. Liard, lorsqu'il a bien voulu nous confier le soin de la partie biographique de son ouvrage.

Messire Julien Pitard, écuyer, naquit donc le 18 décembre 1642. C'est lui-même qui nous précise cette date, dans son Nobiliaire du comté de Mortain (1). Il ne spécifie pas le lieu de son berceau, mais nous possédons son acte de baptême que voici :

« Jullien Pytard, escuyer, fils aîné de François Pytard, escuyer, seigneur de Boudé, patron présentateur de cette paroysse et de Dame Adrienne de Saint-Manvieu, son épouse, a esté baptisé dans l'église de Saint-Jean (du Corail) et nommé par Jullien de Saint-Manvieu, escuyer (2), seigneur patron et présentateur de la dite paroysse, et par Damoiselle Marquise de Jumilly (3), le treizième jour de janvier l'an mil six cent quarante-trois (4). »

Il était le fils aîné de François Pitard, écuyer, qui, par son mariage avec Dame Adrienne de Saint-Manvieu, qu'il avait épou-

(1) V° Pitard, in fine.
(2) Julien de Saint-Manvieu était l'aïeul maternel de cet enfant. Il mourut en 1647. Ses armoiries étaient : de gueules fretté d'argent de huit pièces ; au franc quartier d'hermines.
(3) Elle était l'aïeule paternelle du nouveau-né.
(4) Registres de l'état civil de Saint-Jean-du-Corail, au greffe de Mortain.

sée en septembre 1641, était devenu seigneur et patron de Saint-
Jean-du-Corail. Dès l'âge de seize ans, il devint le chef de la
famille, par la mort de son père, arrivée le 30 novembre 1658.
A lui, ainsi qu'à sa mère, échúrent ainsi la charge de ses frères
et sœurs, qui étaient au nombre de six, savoir :

1º René, désigné ordinairement sous le prénom de Gabriel, né
à Saint-Jean-du-Corail, le 4 juillet 1651, et mort sans alliance,
en 1668.

2º Henry, né à Saint-Jean, le 14 septembre 1656 et mort
en 1679, non marié ;

3º Marquise, mariée : 1º à Julien des Landes, écuyer, seigneur du Bois-Josselin ; 2º à François Périer, sieur du Bois-
Davay ;

4º Jacqueline, devenue femme de Henry de l'Epine, écuyer,
sieur de la Fresnaye, lieutenant général du vicomte de Mortain ;

5º Julienne, morte religieuse hospitalière, à Vire, en 1705 ;

6º Et Jean, posthume, né encore à Saint-Jean-du-Corail, le
23 mars 1659. Connu sous le nom de sieur de Boudé, il épousa
plus tard, Marguerite de Royers, fille de Jacques de Royers,
marquis de la Brisolière, grand bailli d'Alençon (1).

Issus d'une famille d'antique noblesse, venue de l'Artois, au
commencement du xivᵉ siècle et naturalisée depuis en Normandie, aux environs de Falaise et de Domfront, ces jeunes gens
reçurent une éducation fort soignée pour l'époque. C'était en
effet, une sorte de tradition dans la maison Pitard que ses membres maniassent aussi bien la plume que l'épée. Maintes fois, on
avait vu leurs ancêtres, après avoir déposé leur gantelet de fer
et leur armure de combat, ne point dédaigner d'écrire la des-
cription des faits d'armes dont ils avaient été les héros ou les
témoins. Ainsi, François Pitard, écuyer, sieur de Chênesec, de
la Barillière et du Lude, a laissé un *Journal curieux de la prise*

(1) Etat civil de Saint-Jean-du-Corail. — *Nobiliaire du comté de Mortain.*

de Domfront par les protestants, en 1574| (1), que nous croyons inédit et peut-être inconnu aujourd'hui et qu'il serait du plus vif intérêt de retrouver et de publier. Un autre, Nicolas Pitard, sieur de la Noë, composa à l'occasion de la mort de son frère, N... Pitard, écuyer, sieur du Châtellier, capitaine d'une compagnie de gendarmes, tué devant Avranches, faisant sa charge, le 4 mai 1590, et fit imprimer, en 1593, un *poëme* formé de trois cents quatrains, pour *sagement se conduire au voyage de la vie humaine.* Enfin pour tout dire, deux filles de cette famille, étaient entrées dans celle des poëtes Vauquelin, par leurs alliances avec Jean Vauquelin, seigneur des Yveteaux, et Pierre Vauquelin, sieur de la Reaulté (2).

C'est sous l'impression de tels enseignements que fut élevé Julien Pitard, dont nous nous occupons en ce moment. Connu sous les titres de seigneur de Boudé et de Saint-Jean-du-Corail, il habita longtemps et pendant toute sa jeunesse le château de Boudé, situé en la paroisse de Saint-Gilles-des-Marais, en l'Election de Domfront. Il y résidait, en 1666, lorsque l'intendant de la Généralité d'Alençon, M. de Marle, (3) invita les gentilshommes de cette contrée à lui produire leurs titres nobiliaires. Julien et ses trois frères répondirent à cette injonction et obtinrent de ce magistrat un arrêt de maintenue dans la catégorie de la noblesse

(1) Odolant-Desnos, *Mémoires sur Alençon*, t. 1er, p. 291. Caillebote, *hist. de Domfront*, 4e édi., p. 75. — M. Liard, *hist. de Domfront*, 2e édi., p. 167.

(2) Pitard, *Nobiliaire de Mortain.*

(3) Hector de Marle, *recherche de la noblesse, Election de Domfront*, p. 77. Deux familles portant le nom de Pitard, également maintenues Nobles habitaient en 1666, une l'Election d'Argentan, l'autre l'Election de Falaise, mais leurs armoiries n'étaient pas les mêmes que celles de Julien Pitard. Ils portaient d'argent au chevron de gueules, accompagné de deux roses de gueules en chef et d'une hure de sanglier de sable en pointe. (*Recherche de de Marle. Election d'Argentan*, p. 17; *Election de Falaise*, p. 55.)

ancienne. Leur blason héraldique leur fut en même temps reconnu. Il était ainsi décrit : *Champ d'azur, à l'épervier d'argent, longé et grilleté d'or, tenant entre ses griffes une perdrix du même.* Ses accompagnements étaient : pour cimier un épervier naissant au vol abaissé d'argent; et pour support deux lions à tête de femme (1).

Boudé dut être témoin de sa première union avec Dame Bertranne Roger, fille de Gabriel Roger, écuyer, seigneur de Bardé, et de dame Andrée de la Broise, qu'il épousa le 5 avril 1668 et qu'il perdit le 5 octobre 1678. Il y resta sans doute jusqu'à cet événement fatal. Puis il vint probablement habiter le château de Saint-Jean-du-Corail, vers 1680, à l'époque du décès d'Adrienne de Saint-Manvieu, sa mère, morte le 30 janvier de cette année. Peu après, il convola en secondes noces et épousa Dame Françoise Le Silleur, fille de Sébatien Le Silleur, écuyer, seigneur de Lionnière.

Afin de compléter tous ces documents généalogiques, qui sont utiles pour faire connaître l'existence intime de notre historien, ajoutons que de ses deux alliances, il eut neuf enfants, qui sont :

De sa 1re union : 1o et 2o Marquise-Bertranne et Andrée, toutes les deux religieuses professes aux Ursulines de Vire; 3o Adrien-Guillaume sieur de Boudé, né en 1675, mort sans alliance en 1706; 4o Pierre, mort pourvu de la cure de Saint-Jean-du-Corail, en 1704.

De sa 2e union : 5o Jean-François, sieur de Lionnière, né le 5 octobre 1681 ; 6o Marie-Henriette ; 7o Marie-Françoise ; 8o Françoise-Julienne, morte en 1709 ; 9o Julien-Adrien, né le 5 avril 1685, mort à Avesnes, en Haynaut, le 20 octobre 1703, au retour de la campagne de Maestrich, où il avait été prisonnier de guerre avec une partie du régiment d'infanterie de Barrois, après la capitulation de la citadelle d'Huy, dont le comte de l'Isle, colonel, avait soutenu le siège.

(1) Pitard, *Nobiliaire de Mortain.*

De tous ces enfants, Jean-François Pitard, écuyer, fut le seul qui laissa des héritiers. Il épousa Dame Anne-Françoise-Gabrielle de Vassy, fille du marquis de Pirou et de Brecey. Leur fille unique se maria dans la chapelle particulière du château de Saint-Jean-du-Corail, le 7 octobre 1743, avec Messire Gilles de Vaufleury, conseiller du roi, lieutenant général civil et criminel du bailliage de Mortain (1).

Disons encore, que ce fut vers le même temps, et au milieu de ces nombreuses naissances que l'aïeule paternelle de Julien Pitard, Dame marquise Barré de Jumilly, veuve de Siméon Pitard, écuyer, seigneur de Boudé, et sa marraine, mourut le 15 octobre 1684, âgée d'environ 80 ans.

Pitard vint ainsi s'installer à son château de Saint-Jean-du-Corail dans le courant de l'année 1680. Il semble qu'il ait abandonné définitivement et sans retour son logis de Boudé pour cette résidence si voisine de la ville de Mortain, au centre d'un pays édifié par un clergé fort distingué par sa piété autant que par sa science, et peuplé d'une noblesse nombreuse, aussi bien que d'un personnel considérable de fonctionnaires que nécessitait l'agencement général d'un comté, propriété des ducs de Montpensier et des ducs d'Orléans. Saint-Jean-du-Corail était d'ailleurs attrayant par ses belles avenues séculaires, dessinant le sommet d'une longue colline aux formes mollement arrondies et se prolongeant pendant trois-quarts de lieue, depuis l'église jusqu'à la grille du château. De ses fenêtres, il pouvait jouir d'un horizon délicieux, embrasser une plantureuse vallée, contempler les tours crénelées et le donjon massif du château féodal de la cité Mortainaise, apercevoir les silhouettes de ses maisons aériennes hissées aux flancs de la montagne et respirer enfin les senteurs bienfaisantes de la forêt prochaine. Ce séjour devait plaire à ce caractère doux, réfléchi et studieux. Pitard dut aimer à s'y re-

(1) Etat civil de Saint-Jean-du-Corail. — Pitard, *Nobiliaire de Mortain*.

cueillir longtemps et son cabinet de travail dut fréquemment le voir près de sa fenêtre y chercher le repos que ses études laborieuses lui firent désirer bien souvent.

Nous connaissons peu sa vie; nous sommes en quelque sorte contraint de la deviner. Cependant nous soupçonnons qu'il lui fallut plusieurs fois quitter sa famille, ses jeunes enfants, ses tendres affections, Boudé, Saint-Jean-du-Corail, ses livres, ses chers livres, pour répondre à l'appel du roi Louis XIV. Il semble que ce soit au temps où l'Europe entière liguée contre la France essaya de tirer vengeance des défaites qu'elle lui avait fait éprouver; la victoire de Sénef en fut le prix. Il est certain aussi que Pitard dut, plus tard, faire partie de l'armée quand le Souverain voulut tenter le rétablissement sur le trône d'Angleterre du roi Jacques II, son allié. Cette fatale campagne finit, on le sait, par la terrible bataille de La Hague, qui fut la ruine de la marine Française.

Dans cette première occasion Julien Pitard fut compris au nombre des gentilshommes qui servirent sous les ordres de l'illustre Turenne. Le rôle de ceux qui appartenaient au bailliage de Mortain et qui fut dressé en l'année 1674, comprenait :

Jacques de Saint-Germain, marquis de Fontenay, cornette, de la paroisse de Fontenay ;

Jean Tesson, sieur de Pontesson, maréchal-des-logis, de la Mancellière;

Julien Pitard, sieur de Saint-Jean-du-Corail ;

Charles Poret, sieur du Fresne.

Louis de la Faucherie, sieur du Bois-Tyrel et du Mesnilbœufs ;

Charles de Verdun, sieur de la Fougère, de Barenton;

Nicolas Avenel, sieur de la Touche-Boissirard, de Fontenay (1);

Dans la seconde circonstance, qui remonte à 1688, presque

(1) Des Roches, *Annales civiles, militaires et généalog. de l'Avranchin,* p. 417.

tous les membres de la noblesse de la Basse-Normandie reçurent les ordres de Jacques de Matignon, comte de Thorigny et lieutenant général, commandant la Normandie. Tout le ban et l'arrière-ban, montés à cheval, furent convoqués par lui et répartis dans les diverses garnisons du Cotentin. L'Election d'Avranches, fut en conséquence réunie à Freville et à Montebourg; l'Election de Coutances, à Saint-Sauveur, Nehou et Vauville-la-Plante; l'Election de Carentan, à Briquebec; l'Election de Valognes, à Valognes (1). Quant aux gentilshommes du comté de Mortain, divisés en deux compagnies sous les ordres de deux capitaines MM. de Barenton et de Moncorbeau, voici les lettres qu'ils reçurent :

« De par le Roy,

Jacques, sire de Matignon, chevalier, comte de Thorigny, conseiller du Roy en ses conseils, lieutenant général pour Sa Majesté en Normandie et gouverneur des villes et chasteaux de Cherbourg, Saint-Lô, Granville, Isles-de-Chaussé, etc., etc.

Nous ordonnons aux sieurs de Barenton et de Moncorbeau, capitaines de la Noblesse du bailliage de Mortain, de faire monter à cheval la semaine prochaine tous les gentilshommes en général dudit bailliage et de leur ordonner de se mettre en état de bien servir le Roy et de monter à cheval au premier ordre et dès le moment qu'ils le recevront.

Donné à Cherbourg, ce 30me octobre 1688.

Signé Matignon. »

En même temps et le même jour, le lieutenant général enjoignait au grand bailly de Mortain de dresser l'état de tous ceux qui devaient le service militaire. Cette nouvelle missive était ainsi conçue :

« De par le Roy,

Jacques, sire de Matignon, etc.

(1) Pièce originale du 3 octobre 1688, donnée par moi aux archives départementales de la Manche.

Nous ordonnons au lieutenant général de Mortain de donner au sieur de Villechien, lieutenant de la première compagnie de Noblesse de Mortaing un rolle exact de tous les possédants fiefs et de ce faire incessamment.

Donné à Cherbourg, ce 30me octobre 1668.

Signé Matignon (1). »

En exécution de ces ordonnances, on dut établir sur le champ l'état de tous ceux qui se pouvaient équiper pour le service militaire de Sa Majesté ; il fut constaté dans un premier rôle (2) que Julien Pitard, seigneur de Saint-Jean-du-Corail était *valide et bien monté*. Il fut, par suite, incorporé dans la première compagnie, celle de M. de Barenton, qui comprit les noms suivants :

Capitaine,	M. de Barenton.
Lieutenant,	M. de Villechien du Hamel.
Cornette,	M. de Pontavisse.
Maréchaux-des-logis,	M. de Milly du Hamel.
—	M. le marquis d'Isigny de Brecé.
Brigadiers,	1. M. du Temple de Pontavisse.
—	2. M. de Beauparc Livet.
—	3. M. de Vauliger du Hamel,
—	4. M. de la Haussière de Chevrue, vicomte de Mortain.
—	5. M. de la Roque, juge à Tinchebrai.
—	6. M. d'Yvrandes de Pertout.
—	7. M. de Saint-Pois d'Auray.
—	8. M. de Saint-Laurent Coupel.

De Parigny Saint-Germain.

D'Etry de Thoury,

De la Pigassière de Thoury.

Du Parc de Gouvets.

Des Carreaux de Galon.

De Saint-Jean Pitard.

De la Lande Boistirel de la Faucherie.

De la Brudière de la Faucherie.

De Saint-Gilles.

(1) Nous possédons ce rôle inédit.
(2) J'ai offert ces originaux aux archives de la Manche.

De Viré de Galon.

De la Touche-Couvé.

De Marceinne Fortin.

De Moulins du Hamel.

De la Fosse du Hamel

De la Herrissaie du Hamel.

Du Bochage Le Harivel.

De Sainte-Marie Néel.

De la Boúlandière de la Touche.

Des Demaines de la Croix.

De Laingeard de Saint-Paul.

De la Roque.

Du Coudré du Hamel.

Le Chevalier de Milly du Hamel.

Des Gauteries Le Breton.

Des Mottes de Rivière.

De Gosselin,

De Freval.

Le Chevalier.

De Boisivon.

De Marseul.

Jacques de Marcé.

Julien de la Brisolière David.

Des Loges Argenton.

Des Genetels de Hautteville.

De la Chapelle Huray.

De la Chattière de Vauborel.

Brice de Vauborel.

De Romilly Vauborel.

Du Chatel.

Jean de Bilheust.

Des Genetais Taillefer.

Radulph.

De Montenay Le Neuf.

Du Fougerai Le Breton.

Du Vauborel.

Le sieur de Poncel Payen.

De la Provostière du Mesnil-Adelée.

De la Corbelinière de Bordes.

Mahudière d'Anjou Coulouvray.

De Cartville Gautier.

Treprel.

La Rivière.

Des Domaines Payen.

Le Chevalier de Mouline (1).

Nous avons aimé à donner cette liste (2), parce qu'elle nous révèle les noms de ceux avec lesquels Pitard dut se trouver le plus fréquemment en rapport. Mais nous sommes contraints de

(1) L'original est en notre possession. — Nous observons que presque partout, dans cette liste, les noms des familles sont placés après ceux des fiefs seigneuriaux.

(2) Nous possédons aussi celle de la compagnie de Moncarbeau, mais nous la réservons afin de ne pas donner à cet article une étendue démesurée.

nous attacher surtout à voir en lui l'homme de lettres, l'historien de Domfront et de Mortain, le généalogiste des familles de ses contemporains. Deux notes particulières nous autorisent à croire qu'il se fit, en effet, suppléer en 1674, par Jean-René de Vauborel, chevalier de Longuève et dans la compagnie de Barenton, par le sieur de la Mangeantière. Ses motifs nous sont inconnus, et nous devons croire qu'ils étaient fort légitimes. Tout fait supposer qu'il dut rejoindre ses compagnons et terminer cette dernière entreprise pour le rétablissement du trône d'Angleterre, parce que nous savons qu'en 1689, 1690 et 1692, le ban et l'arrière-ban du Mortainais furent de nouveau appelés aux armées par le Roi (1).

Nous l'avons dit au début de cette notice, Julien Pitard avait reçu l'éducation la plus complète que l'on pût donner à cette époque à un jeune gentilhomme du xviie siècle. Il avait fait de fortes études de latin, appris un peu de théologie, déchiffré force parchemins et pénétré dans les stériles détails de la science du blason. Voilà ce qu'on demandait alors à la jeune noblesse. Plus tard, au siècle suivant, elle philosopha et notre temps a surtout abondé dans les sciences exactes, faisant moins de latin peut-être, mais infiniment plus de chiffres. En outre, il avait dû, pour se préparer au noble métier des armes, monter à cheval et prendre des leçons d'escrime. Pour courir le chevreuil et le sanglier, poursuivre le renard et le loup, c'étaient jeux journaliers.

Lors donc qu'il eut satisfait au service militaire qu'il devait à son Souverain, soit par lui-même, soit par mandataires, et qu'il eut surveillé les soins que réclamaient de lui sa famille, et ses affaires, il se livra tout entier avec passion à ses inclinations favorites, qui étaient les sciences historiques et héraldiques. Souvent on dut le rencontrer dans les allées ombreuses et dans les avenues des châteaux du Mortainais, monté à cheval, une

(1) Pièces offertes par nous aux archives de la Manche.

valise en croupe remplie de papiers et de parchemins et visitant ainsi ses amis et ses parents, qui étaient tous heureux de lui faire fête et de lui communiquer leurs diplômes. On peut penser que tous les chartriers lui furent ainsi ouverts.

A Boudé, tout jeune encore, il avait composé son *histoire des Seigneurs de Domfront*. A Saint-Jean-du-Corail, dans l'âge mûr, il coordonna les éléments de son *histoire du comté de Mortain* et de son *nobiliaire du même comté*. Nous ne possédons de Pitard que ces trois ouvrages, restés manuscrits à sa mort, conservés long temps avec soin dans sa famille et connus d'un très-petit nombre. Son décès arriva à Domfront, en 1714, ainsi qu'il résulte des registres de l'état civil de cette ville, dont voici un extrait ainsi conçu : « Le douzième jour de septembre, trépassa haut et « puissant seigneur messire Julien Pitard, seigneur et patron de « Saint-Jean-du-Corail, dont le corps fut transporté en l'église « de Saint-Jean-du-Corail, où il fut inhumé.

« Signé : BIDOIS, curé. »

Il existe au manoir de Saint-Jean une galerie de portraits de famille; peut-être y retrouverions-nous celui de son ancien châtelain.

Appartenant aux classes privilégiées et aristocratiques, Pitard se trouva dans le plus excellent milieu pour satisfaire ses goûts littéraires. Allié ou uni par les liens de l'amitié à la plupart des gentilshommes de la Basse-Normandie, dont nous avons donné l'une des listes, on conçoit qu'il voyait leurs chartriers particuliers s'ouvrir partout sur ses moindres désirs Les archives fort volumineuses des comtés de Domfront et de Mortain furent même mises à sa disposition. Nulle part les révolutions n'avaient rien détruit et les cartons regorgeaient de lettres royales énonçant les exploits des glorieux ancêtres et de papiers terriers énumérant les fiefs qu'ils avaient aliénés pour la patrie et pour la rançon des Souverains, dans les désastres de la monarchie, ou encore les générosités faites aux serviteurs de Dieu dans les monastères et dans les abbayes de la province. Aussi, les travaux de ce chercheur intrépide offrent-ils de nos jours un vif intérêt pour nos historiens Normands.

On n'en saurait guère juger cependant par *l'histoire des Seigneurs de Domfront* que nous publions aujourd'hui. C'est la moins importante et la plus brève de ses compositions. Elle a d'ailleurs été consultée et pillée par divers chroniqueurs de cette ville qui l'ont connue, et Thebault de Champassais lui a emprunté des passages entiers. Malgré cela, elle est curieuse et après tout, c'est la composition la première en date parmi celles qui ont fait connaître cette forteresse si renommée de cette belliqueuse contrée. Son plan est peut-être peu développé; les éléments historiques peu abondants; la critique y fait complètement défaut. Son style est sans doute vieilli; sa phrase un peu lourde et enjambée d'un article sur l'autre. Seulement, dès que nous pouvons ajouter un chroniqueur de plus à la somme de ceux qui se sont occupés de Domfront, nous n'en demandons pas davantage et l'on nous pardonnera, nous osons y compter, d'avoir voulu conserver à l'œuvre le cachet intact de son temps, la couleur de son époque, et même le texte primitif. C'est d'ailleurs le meilleur hommage que nous puissions rendre à la mémoire de celui que nous faisons revivre à un siècle et demi d'intervalle. C'est dire également tout le prix que nous attachons au manuscrit que possèdent M. Adrien Payen de Chavoy, Chevalier de la Légion d'honneur, ancien officier de marine et ancien membre du conseil général de la Manche, ainsi que Mme de Chavoy. Ils nous ont, avec la bienveillance la plus exquise et une grâce toute charmante, autorisé à le publier. Nous tenons à leur en renouveler ici toute notre respectueuse gratitude et à leur exprimer combien nous avons été flatté de ce témoignage d'une confiance intime et toute particulière. En retour, nous pouvons leur affirmer qu'à Domfront le nom de Julien Pitard, qui était déjà très-populaire, y est accueilli comme celui d'un compatriote aimé et affectionné. Nulle ville peut-être n'est plus enthousiaste de ses gloires passées et elle recevra avec plaisir et reconnaissance l'œuvre que les descendants (1) lui envoient comme l'expression du souvenir et un dernier legs d'amour de leur ancêtre.

Le manuscrit des *Seigneurs de Domfront* est un petit in-4° carré, couvert en parchemin. Il se compose de cent pages. C'est l'original écrit de la main même de Pitard, corrigé, raturé par lui et biffé en divers endroits. Plusieurs de ses marges sont envahies par des additions. L'écriture en est ferme, large et fort lisible ; elle appartient au genre appelé bâtarde. Nous n'en connaissons aucune copie; l'original n'en est que plus précieux. Précieux est surtout le dessin placé à sa tête et qui représente la basse porte de l'enceinte fortifiée de la ville de Domfront du côté d'Alençon, au sud de la grande porte d'entrée. Il n'en existe aujourd'hui qu'un fragment, à l'extrémité de la rue d'Alençon.

Le second ouvrage de Pitard est intitulé *Mémoire historique sur le comté de Mortain*. Il s'arrête à la date de l'année 1707. Il a été composé dans un temps où il existait bien peu de livres sur l'histoire de Normandie. C'était une composition fort remarquable pour son siècle et aujourd'hui fort importante encore pour ceux qui veulent connaître l'histoire du Mortainais et de la Basse-Normandie.

Il a été imprimé en grande partie : la première fois, en un fragment peu considérable de 8 pages in-12, édité par Lemonnier, alors principal du collége de Saint-Lo, dans l'Annuaire du département de la Manche, année 1828, p. 190 et suiv; la seconde

(1) M. Charles-Sylvain Gaudin de Villaine, mort en 1848, à Carcassonne, Officier de la Légion d'honneur et colonel du 12e régiment de chasseurs à cheval, et M. Adrien Gaudin de Villaine, son frère, Commandeur de la Légion d'honneur, général de brigade, de cavalerie, en retraite, ancien commandant du département de Seine-et-Marne et membre du conseil général de la Manche.

fois, presque tout entier, par Louis Du Bois, dans ses Recherches archéologiques, historiques, biographiques et littéraires sur la Normandie, à Paris, chez Dumoulin, 1843, depuis la p. 104 à la p. 216, in-8°.

C'est dire qu'il en existe plusieurs copies. L'original doit avoir été écrit et terminé en 1707 ; il est aux mains de M. Le Moine de Villeneuve, dont le père fut député à l'Assemblée législative et à la Convention nationale.

Louis Du Bois en fit une transcription.

Il en a trouvé une autre, par abrégé, qui date du 4 juillet 1775.

La 4e est celle qui a servi à Lemonnier.

Nous en possédons une 5e, qui nous vient de la succession de M. Duhamel, ancien commis greffier au tribunal civil de Mortain. Elle remonte à l'année 1740 environ. Il y manque les 26 premières pages et elle s'arrête à la page 97. Les feuillets 103 et 104, 129 et 130 sont ensuite détachés. Son format est petit in-4° ; il est cartonné et couvert en parchemin.

Lemonnier fit imprimer sous son propre nom le passage qu'il a coupé dans Pitard. Quant à L. Du Bois, il a attribué ce mémoire historique à un docteur Pirou qui n'a jamais existé à Mortain. Une mauvaise lecture d'une signature peu lisible aura fait croire à cet intrépide collectionneur qu'il devait lire Pirou là où se trouvait Pitard. Cette restitution doit lui être faite sans aucun scrupule ; d'ailleurs dans ses différents ouvrages, il reproduit lui-même divers passages de ses propres livres. Nous pourrions citer de nombreuses preuves, car nous possédons toutes les compositions de cet auteur, mais ce serait trop long. Nous demandons à nos compatriotes qu'ils veuillent bien accepter de confiance, notre affirmation.

Nous nous sommes largement servi du Mémoire historique de Pitard dans nos Recherches sur l'arrondissement de Mortain, publiées en 1851. L'abbé Des Roches en a fait une sévère critique dans ses annales religieuses de l'Avranchin.

2

Désormais, le *Nobiliaire du comté de Mortain*, dont les dernières indications sont de l'année 1712, sera le seul livre de Pitard qui soit resté inédit, et pourtant il est le plus volumineux et le plus intéressant de ceux qui sont sortis de la plume de cet archéologue. Nous aimerions à pouvoir prendre le soin de sa publication, certain que nous sommes que peu de travaux historiques impressionneront autant les amis des études antiques dans notre cher Bocage. Le regrettable abbé Des Roches, curé-doyen d'Isigny, qui a tant fait pour nos annales de l'Avranchin, nous avait promis de s'occuper de cette mission : il a succombé à la tâche. Des notes étaient préparées par lui. Ce devait être l'une des récréations de sa vieillesse, mais cet âge n'est pas venu pour lui, Dieu l'a rappelé avant les jours du repos.

Nous savons qu'il y a huit copies au moins de ce curieux nobiliaire, mais nous ne les avons point toutes vues, et, par suite, nous ignorons où en est l'original. Il devait être en un volume petit in-folio. Ce format le fera sans doute reconnaître et retrouver.

1º Les Mémoires des Antiquaires de Normandie, t. XIV, p. 95, le mentionnent au chartrier du comte de Bérenger, à Treilly. De là il a dû passer avec les cartons de ce savant dans le cabinet de M. de Caumont, le président si distingué de nos congrès archéologiques et le fondateur de notre belle Association normande.

2º Feu le marquis Raymond d'Auray de Saint-Pois, maire de Saint-Pois et membre du conseil général de la Manche, nous a assuré qu'il possédait l'original. Mais il l'avait confié à l'un de ses plus proches parents et nous ne l'avons point feuilleté ;

3º La bibliothèque publique de la ville de Mortain en a une copie qui remonte aux années 1720 ou 1725. C'est un petit in-4º couvert de papier, difforme par sa grosseur et comprenant 1237 feuillets, ce qui constitue 2474 pages. Sur sa couverture est une suscription qui l'a sans doute sauvé de la destruction, quoiqu'elle scit conçue en ces termes : *bon à brûler*. On a sans doute pensé que ce papier jauni et étroit offrirait peu d'aliments pour allumer le feu. Ce manuscrit, l'un des seuls qui soient à la bibliothèque de Mortain, a appartenu aux religieuses de l'Abbaye Blanche, qui en ont fait longtemps leurs délices. Il est fort complet et contient douze pages d'introduction que nous n'avons pas retrouvées ailleurs ;

4° M. Du Hamel de Milly, major d'un régiment d'infanterie, en avait fait une copie vers 1780. Elle est toujours au château de Milly. M. Alphonse de Milly, si bien connu pour ses suaves compositions littéraires et que regretteront longtemps ses amis pour lesquels il fut si affectueux et si dévoué, nous communiqua il y a quinze ans, ce manuscrit écrit par son grand-oncle ;

5° A Saint-Jean-du-Corail, au château de Pitard, nous avons retrouvé une copie faite par le colonel de Villaine sur celle de Milly ;

6° L'abbé Des Roches avait transcrit le volume du comte de Bérenger, s'il n'en avait pas reçu son original ;

7° Les Archives du département de la Manche en possèdent une septième copie ;

8° Un dernier exemplaire est à nous. Nous le tenons à la disposition de nos propres amis, jusqu'à ce que la presse ait popularisé ce livre d'or de notre beau pays de Mortain.

SEIGNEURS DE DOMFRONT.

Je n'ai fait ce catalogue des seigneurs de Domfront, en Passais, qu'à dessein de m'en divertir avec un de mes amis de ce pays-là qui m'était venu voir ; c'est pourquoi on y trouvera des endroits qui ne paraîtront peut-être pas assez sérieux, et quelques traits que je serais fâché qu'on voulût expliquer au désavantage de mon affection pour le pays de Domfront que je regarde avec autant de respect que si c'était le lieu de ma naissance. Mon père y était né ; j'y possède quelque bien ; une partie de ma famille y demeure ; et j'y ai passé moi-même les premières années de ma vie. Tout cela rendra compte de mes sentiments pour lui.

Au surplus si quelqu'un me vient dire que tout ce que je rapporte ici se trouve ailleurs, je lui réponds par avance que c'est justement comme cela que je l'ai entendu et que je serais très-fâché qu'on me pût convaincre du contraire. On doit faire le même reproche, si c'en est un, à tous ceux qui ont écrit des faits arrivés avant qu'ils fussent au monde ; il faut bien qu'ils les aient pris quelque part ; s'ils les avaient inventés, ce ne serait plus une histoire. Mais ne leur a-t-on pas quelqu'obligation d'avoir mis ce que nous désirions savoir tout d'une suite et de l'avoir séparé de mille choses dont nous n'étions point en peine ; quand cela ne nous épargnerait qu'un jour de travail, n'est-ce pas autant de gagné ?

La ville de Domfront n'est pas fort ancienne, mais il y a plus d'onze cents ans que le lieu où elle est bâtie est connu sous le même nom qu'elle porte aujourd'hui.

Pendant que Childebert Ier régnait en France (1) et qu'Innocent était évêque du Mans, une troupe de solitaires élevés sous la conduite de S. Mesmin, dans le monastère de Micy, se répandit dans les forêts du Maine. Celle du Passais en eut sa part, et entre les autres un nommé Front cherchant une retraite, se trouva à la pointe d'un rocher coupé jusqu'à la racine par une ouverture escarpée et profonde (2), au travers de laquelle coule une petite rivière qui semble n'avoir voulu pousser ses eaux dans cet abime, qu'afin de le creuser davantage et d'en augmenter l'horreur par les gouffres qu'elle y a faits. Cet endroit véritablement plus propre à nourir des dragons (3) que des hommes, qui ne montrait à notre hermite qu'un précipice sous ses pieds, devant ses yeux que les affreux restes d'une roche brisée, et tout autour que les sombres enfoncements d'une vaste et épaisse forêt, lui ayant paru le meilleur pour le dessein qu'il avait de se séparer du monde, il y demeura. Et en effet, s'il voulait le plus sauvage de tous les déserts, il ne pouvait pas mieux choisir. Il y bâtit une cellule qui a donné le nom à ce lieu, car depuis on l'a toujours appelé en latin tantôt *cellula domni Frontis, tantôt domus Frontonis* (4), ou en français, sans y chercher tant de finesse, de son seul nom, à présent Dom-Front et au commencement Dam-Front; car de même qu'on donne aujourd'hui aux Bénédictins, aux Chartreux et à quelques autres le titre de Dam, on donnait dès ce temps-là aux moines celui de Damne, ou par abréviation Dam, qui veut dire la même chose, et est la première et la plus ancienne version de *Dominus* ou *Dam·*

(1) Childebert Ier commença de régner l'an 511 et mourut en 558.
(2) Le rocher sur lequel Domfront est bâti, s'appelle le Mont-Tranché.
(3) Il y a un lieu sous l'hermitage qu'on nomme la Fosse-au-Dragon.
(4) Le Corvaisier, *Histoire des Evêques du Mans*.

nus, en langue vulgaire. Il y a de cela quantité d'exemples ; le cri de nos anciens ducs était, *Dieœ aye*, *Dam diew aye*, qui signifie Dieu nous aide, le seigneur Dieu nous aide. Mais entendu par Vulson-la-Coulombière, suivant la remarque du P. Menestrier, Richard Ier, duc de Normandie, jurait ordinairement *Dam diew*. Selon nos anciennes chroniques et Wace (1) qui écrivait l'an 1160, parlant de Mahaut, mère du Roi Henri II d'Angleterre, dit : « Au siège de Wicestre, sa grand'beauté parut, quarante jours y fut *Dam diew ly*... etc. Loiseau (2) dit que Damoiseau est le diminutif de dam, qui signifie Seigneur, et Pasquier (3) le prouve par une vieille traduction de la Bible qu'il dit avoir vue à Fontainebleau, laquelle dit-il, nomme toujours Dieu, *Dam Diew*, pour *Dominus Deus*, aussi bien que par le mot de vidame, en latin *vice - Dominus* (4), qui de sa première institution était le juge temporel des évêchés et des abbayes. Froissard, liv. Ier, appelle Pierre le Cruel, roi de Castille, Dam-Pierre ; et cet ancien usage se remarque dans le nom de plusieurs lieux, comme Dam-Martin, Dam-Pierre, Dam-Ville, Dam-Villiers, la Chapelle Dam-Gilon en Berry, à quoi il faut ajouter Dam-Front, que les vieux auteurs et même à présent les peuples du pays, malgré le changement qui est arrivé dans la langue, n'appellent pas autrement.

Mais afin qu'il ne manque rien pour faire connaître le rocher de Domfront, on dit que c'est le même sur lequel un peu auparavant, le feu du ciel, par les prières d'un autre solitaire (5), nommé

---

(1) Roman des Ducs de Normandie.

(2) *Des ordres*, chapitre 5.

(3) Mich. Livre 7, chapitre 5, p. 30.

(4) Omnibus episcopis, abbatibus, clericis præcipimus, Vice-Comites, præpositos, advocatos sive deffensores bonos habere, etc. *Lois de Louis-le-Bon*. Flodoard dit que Charlemagne délégua Wulfurus, archevêque de Rheims pour s'informer des déportements des évêques, abbés et abbesses; *et ut bonos et idoneos Vice-Dominos et unde cumque fuissent justicias perficerent, etc.* Liv. II.

(5) Le Corvaisier. *hist. des év. du Mans.*

Boamer, habitué dans la même contrée, avait consumé un temple consacré à Vénus, où les jeunes gens des environs encore idolâtres, s'assemblaient à certains jours pour contenter leurs folles amours. Et je ne sais si quelqu'un ne s'imaginera point que ce lutin qui aimait tant à rire, et dont le peuple de Domfront fait de si plaisants contes sous le nom de Gobelou, était encore le même démon qui s'y faisait adorer en ce temps là.

Quelques uns émettent le nom de Cérès dans cette histoire au lieu de celui de Vénus, mais en bonne foi ont-ils raison? qu'eût fait la déesse des moissons et de l'abondance sur le bord d'un précipice? eût-elle quitté des plaines fertiles pour se venir loger au milieu d'un bois dont le fond était si peu propre à recevoir de l'amélioration, qu'après un total défrichement et près de mille ans de culture, à peine trouverait-elle aujourd'hui dans le pays assez d'épis de froment pour couronner sa tête.

Il n'est pas aisé de dire s'il se fit dès lors quelque établissement sur cette roche ; pour moi, franchement, je n'y trouve aucune apparence. Il se peut bien faire que le respect qu'eurent les peuples voisins, la plupart nouvellement convertis, pour une maison où ils savaient que cet ermite avait vécu avec tant de sainteté, eut le pouvoir d'attirer peu à peu les habitants dans quelque lieu proche, comme par exemple en celui que l'on appelle encore de son nom St-Front, que la quantité de marais qui occupe presque tout ce canton-là tenait plus dégagé de l'épaisseur des bois. Plusieurs grandes villes ont commencé par de pareilles dévotions. Mais quant à Domfront, il ne faut que s'imaginer cette effroyable roche en son état naturel, et comme elle pouvait être avant que Guillaume de Bellême (1) eût fait couper la forêt qui la couvrait de toutes parts, pour y bâtir une forteresse et ajouter à cette peinture les incommodités sans remède qu'on y souffre encore aujourd'hui, pour être convaincu qu'à moins que d'être

(1) Guillelmus Talvatius primus qui exciso nemore Damfrontem onstruxerat etc., Guil. Gemmet.

un saint ou un désespéré, nul ne se serait avisé d'y choisir sa demeure.

Quoiqu'il en soit, ce qui s'y est passé pendant quatre ou cinq cents ans nous est inconnu, et il y a apparence que cette étendue de pays qui compose maintenant le territoire de Domfront, pour lors peu habitée, presque toute remplie de bois joints aux forêts qui restent encore dans les environs, n'ayant ni villes, ni forteresses, ni rien de ce qui peut exciter l'ambition et les désirs des princes, demeura pendant tout cet espace de temps dans le repos et dans l'oubli.

Les premiers Seigneurs particuliers qu'on remarque l'avoir possédée sont ceux du Perche ou de Bellême; et s'il est vrai, comme Choppin (1) le soutient que les comtes du Perche sont normands d'origine, il ne faut pas craindre d'assurer en même temps que Rollon devint duc de Normandie, en 912, par la cession du roi Charles-le-Simple. Le pays de Domfront, avec les comtés du Perche, d'Alençon, de Séez, le Sonnois et autres terres voisines, devinrent le patrimoine de quelqu'un de ces capitaines, dont les comtes de Bellême et de Mortagne sont sortis. Mais comme ils tenaient le Perche de la couronne de France, Alençon, Séez, etc. des ducs de Normandie, le Sonnois des vicomtes de Beaumont, il se peut faire aussi qu'ils tinrent cette partie du Passais où Domfront fut bâti, sous quelque dépendance des comtes du Mans, qui même, ce semble, y eurent des prétentions plus particulières qu'une simple mouvance féodale (2) puisque Hélie, comte du Mans, environ l'an 1110, donna des « droits « de paissage et pasnage dans les forêts d'Andaine et de Passais « à tous les curés, viceires et prêtres de la vicomté de Dom- « front, ne les obligeant, pour tout tribut, qu'à aller, tous les « ans, après son décès, en procession à l'église de la Couture, le

(1) Ab illa exeinde Normannorum gente exiit ille Perticensis Unellorum cumitatus etc. de doman. lib. 3, ch. 3.

(2) Le Corvaisier, *hist. des év. du Mans*, vic. de Hildebert.

« jeudi d'après la Pentecôte, chanter un anniversaire devant sa
« sépulture, sous peine d'une amende, applicable au profit de
« l'abbé. »

Il est toujours vrai que le pays, qui est encore aujourd'hui
pour le spirituel du diocèse du Mans, était autrefois regardé
comme absolument hors les limites de la Normandie. Cela paraît
par l'acte de fondation de l'abbaye de Lonlay (1). Un Guillaume
de Bellême, son fondateur, borne les terres qu'il lui donne au
comté de Normandie, et en effet, Denyault qui a écrit la vie
du duc Guillaume, dit que ce prince averti de l'entreprise de
Geoffroy Martel, comte d'Anjou, sur Alençon, forma le dessein
de lui rendre la pareille sur la forteresse de Domfront qui était à
lui comme seigneur de Tours, que Thibault III, comte de Blois lui
avait cédée et qui avait quelque supériorité sur le Maine.

I. — Yves, comte de Bellême, d'Alençon, etc., est le plus
ancien de ces seigneurs, dont Gilles Bry (2), très-exact historien
de leur maison, nous ait donné la connaissance, et supposé ce
que je viens de dire, il n'en faudrait chercher qu'un ou deux
tout au plus avant celui-là qui vivait sous Louis IV, dit d'Outre-
mer, roi de France, et Richard Ier, duc de Normandie, desquels
l'un commença l'an 936 et mourut en 954 et l'autre l'an 927 et
mourut environ l'an 1000. Les historiens qui parlent d'Yves,
l'appellent Seigneur puissant et sage; sa femme avait nom God·
hilde, de laquelle il eut plusieurs enfants, entre lesquels :

II. — Guillaume dit Talvas I, du nom, son fils aîné lui succéda en toutes ses seigneuries, et vécut du temps des rois Lo-
thaire, Louis V, Hugues Capet et Robert duquel il suivit le
parti. Il fut souvent en guerre avec Robert, duc de Normandie,

(1) Ex parte orientis terram illam damus, sicuti illam dividit rivus
qui vocatur Pulcher-Ductilis usque in Egrenne et ab ipso fluvio sicut
mons de Briceris per convallum determinat usque in Normanniæ comitatum, etc. Cart. fund. Bry.
(2) Histoire des C. d'Alençon et du Perche.

auquel il refusa l'hommage d'Alençon, et ce fut ce qui l'obligea, environ l'an 1026, à faire bâtir la ville ou le château de Domfront, pour défendre ce pays-là qui n'avait alors aucune forteresse; de manière que c'est ce seigneur qu'on doit reconnaître pour le vrai fondateur de Domfront. On dit qu'il fit bâtir l'église de Notre-Dame-sur-l'Eau au même temps; pour l'abbaye de Lonlay, elle est aussi de lui, mais moins ancienne que les autres (1).

Il paraît par l'acte de consécration de l'église de St-Léonard de Bellême, qu'il était d'une complexion délicate (2), cependant il vécut jusqu'à une extrême vieillesse, et encore sa mort ne fut pas absolument naturelle; il avait envoyé deux de ses fils Foulques et Robert avec de grosses troupes fourrager les terres de Robert, duc de Normandie; celui-ci envoya les siennes au devant qui défirent celles de Bellême, tuèrent Foulques sur la place et blessèrent dangereusement Robert. Ces nouvelles rapportées au comte, « il se sang-mêla et en mourut de deuil », dit la chronique.

De Mathilde, sa femme, sortie dit-on, de la race de Gannelon, il eut cinq fils, Foulques dont je viens de parler, Guarin, Robert, Guillaume dit aussi Talvas et Yves. Les quatres derniers furent successivement seigneurs de Domfront : entre eux Guarin et Guillaume seuls ont eu postérité et ont partagé la maison du Perche en deux branches.

III. — Guarin, Guérin ou Warin fut seigneur de Domfront, du vivant de son père qui, apparemment, lui donna cette terre en

(1) Monasterium vero Sⁱᵃᵉ Mⁱᵃᵉ Lonleii Guillelmus Talvatius primus qui, exciso nemore Domfrontem construxerat, à fundamentis œdificavit. Guil., Gemmet.

(2) Ille vero (il parle du pape S. Léon IX), mihi compatiens, intuitu que corporis mihi delicationem et meam generositatem, cognovit quia magnam abstinentiam facere nequirem, etc. *Bry.* — *Charte originael déposée aux archives de l'Orne.*

le mariant avec Melicinde, vicomtesse de Châteaudun. De ce mariage sortit Geoffroy 1er du nom, vicomte de Châteaudun, et de celui-ci ces Rotrou, comtes de Mortagne et du Perche, si renommés dans l'histoire. Les seigneurs de cette branche ont toujours cru que Domfront était de leur partage et néanmoins ceux de Bellême l'ont toujours possédée, ce qui a causé des guerres continuelles entre eux.

Guarin mourut avant son père, et d'une manière pitoyable, s'il faut en croire l'histoire. Elle dit qu'ayant fait couper la tête à un chevalier de Bellême, nommé Gauthier, le diable l'étrangla sur le champ. Je ne voudrais pas jurer qu'on n'eût pris quelque violente convulsion pour le diable qui a bien laissé couper d'autres têtes sans s'en fâcher, et qui se mêle peut-être un peu moins de nos affaires que nous ne le pensons.

IV. — Robert de Bellême après la mort de Guillaume, son père, s'empara de Domfront, sans considérer les droits que les enfants de Guarin, son frère, y pouvaient avoir. Il continua la guerre à Robert, duc de Normandie et un comte du Mans, pendant toute sa vie qui ne fut pas longue; car ayant eu le malheur de tomber entre les mains de ses ennemis, en un combat auprès de Balon, il fut assommé comme une bête (1) dans la prison où il était, par deux gentilshommes desquels ceux de son parti venaient de faire pendre le père et le frère. Il est noté de grande cruauté.

V. — Guillaume, son frère, 2e du nom recueillit sa succession; c'est lui qu'on nomme proprement Talvas. Le président Fauchet (2) dit qu'il prit ce nom d'une sorte d'écu nommé Talvas, pesant et massif et assez grand pour couvrir un homme tout entier, soit qu'il en fût l'inventeur ou qu'il aimât à s'en servir, ou bien qu'il lui ressemblât en force et en dureté; c'est cet écu dit Fouchet,

(1) Ut porcum mactaverunt.
(2) Orig. liv. 2.

qu'on nomma depuis pavois, qui était courbé de la figure des tuiles qu'on nomme faistières.

Mais Gilles Bry, après Orderic Vital (liv. 8), dit qu'il se nomma Talvas par la dureté de ses mœurs ; *qui, pro duritia, jure Talvatius vocabatur,* et avec bien de la raison, car ce fut un monstre de cruauté. L'histoire de ses mauvaises actions n'est pas de mon dessein. Domfront en eut cependant à souffrir, car la noblesse du Perche s'étant révoltée contre lui, elle ravagea les environs de cette forteresse.

D'Hildeburge, pieuse et sainte femme qu'il fit étrangler en pleine rue, il avait eu deux enfants de différents sexes, Arnulphe et Mabile. Dieu se servit d'Arnulphe pour le châtier. Ce méchant fils d'un père encore plus méchant lui fit la guerre et le chassa de toutes ses places ; mais après avoir été le supplice de celui dont il devait être la consolation, il ressentit bientôt lui-même l'effet des menaces de Dieu contre les enfants désobéissants. Voici l'histoire de sa mort. Étant un jour en campagne, il fit prendre un jeune porc à une pauvre religieuse qui le nourrissait, et, malgré les prières de cette fille, commanda à son cuisinier de le lui apprêter pour souper ; il en mangea (peut-être trop) et le lendemain, on le trouva étouffé dans son lit. Un de ses parents, nommé Olivier fut soupçonné de l'avoir mis en cet état, mais l'historien (1) n'en veut rien croire, parceque dit-il, Olivier, sur la fin de ses jours, prit l'habit de moine à St-Evroult ; voilà une belle raison. Je vois bien qu'il veut encore accuser le diable de ce meurtre, et le plaisant de cela, est que le bon religieux serait bien aise que nous prissions cet accident, non pas pour une punition de l'impie désobéissance d'Arnulphe envers son père, mais pour un pur effet des malédictions de la religieuse.

Guillaume errant jusqu'à la mort de son fils, trouva une retraite chez Roger de Montgommery, vicomte d'Hiesmes, auquel

(1) Guillel. Gemmetic.

par reconnaissance il donna Mabille sa fille unique en mariage.
Elle ne lui succéda pourtant pas immédiatement, soit que par la
loi des fiefs, les femelles ne les pussent posséder, tant qu'il res-
tait des mâles dans une maison, soit par quelque autre disposition qui nous est maintenant inconnue, de quelque cause que
cela vint.

VI. — Yves de Bellême, évêque de Séez, oncle paternel de
Mabille et frère de Guillaume Talvas, fut son héritier.

Ce fut en son temps que Geoffroy, comte d'Anjou, faisant la
guerre au duc Guillaume de Normandie, prit Alençon et ce fut
cette guerre qui donna occasion au fameux siège de Domfront
que le duc entreprit en personne et pendant lequel il se signala
par mille actions de capitaine et de soldat dignes d'une gloire
immortelle. Il le prit enfin, après une opiniâtre résistance
des Angevins et des Manceaux qui le gardaient et qui tenaient
une quantité de machines que le duc fit porter à Ambrières qu'il
alla bâtir à l'autre extrémité du Passais, ce qui causa encore
quelques combats. Yves mourut l'an 1064 et après lui,

VII. — Roger de Montgommery, vicomte d'Hiesmes, entra en
possession de tous les biens de la maison de Bellême, dont Mabille, sa femme, était unique héritière. Ce fut un puissant seigneur, tant de-çà que de-là la mer. Il mourut l'an 1094, environ
7 ans après Guillaume le conquérant.

Mabille, sa femme, avait été quelques années auparavant
égorgée dans le bain par un chevalier nommé Hugues, auquel
elle avait enlevé un château. Je m'étonne que les moines de
St-Evroult n'aient pas encore dit que le diable avait fait ce mauvais coup. Mabille leur avait causé mille maux qui en ce temps-
là étaient des crimes à n'en pas échapper; c'était bien autre
chose que le cochon de lait.

Roger et elle eurent plusieurs enfants de l'un et de l'autre sexe,
entre lesquels.

VIII. — Robert fut leur successeur aux biens de deçà la mer, et c'est ce Robert de Bellême dont les historiens font tant de bruit. Il eut toute sa vie les armes à la main, tantôt pour les querelles d'autrui, et fort souvent pour les siennes propres. Celle qu'il fait à ce sujet est la continuelle guerre que lui firent successivement Geoffroy II et Rotrou II, comtes de Mortagne, ses parents, pour la restitution de Domfront qu'il tenait de même qu'avaient fait ses prédécesseurs et que les seigneurs de Mortagne (1) prétendaient leur appartenir légitimement, comme descendus de Guarin, dont j'ai ci-devant parlé. Cette guerre se fit entre eux avec des fortunes diverses, et d'abord assez favorables à Robert, mais, à la fin, l'alliance de Rotrou avec Mahault, fille du roi Henri Ier, d'Angleterre, fut fatale à la maison de Bellême.

Je crois qu'il ne faut pas oublier de dire qu'environ ce temps-là, un solitaire, nommé Guillaume Firmat, natif de Tours, vint se retirer dans la forêt de Mantilly, aux environs de Domfront. Après sa mort, qui répondit à la sainteté de sa vie, les peuples de Mortain et de Domfront eurent de grandes contestations sur son corps, que chacun d'eux voulait avoir dans sa ville. Enfin les premiers l'emportèrent; je pense même que le saint se déclara en leur faveur, et il y a apparence qu'il lui tenait au cœur que les Domfrontais avaient un jour chargé, comme l'on disait, son âne de pierres au lieu de pain, puisque encore à présent on leur reproche que le pain manque deux ou trois jours la semaine dans leur ville, par un effet de sa malédiction *tantæ ne animis cœlestibus iræ?*

Robert de Bellême fut le dernier de sa race qui posséda Dom-

(1) An 1087. Damfrontem, et fortissimum, castrum alios que fundos jure calumniabatur (c'est Geoffroy) et Roberto cognato suo anferre nitebatur, sic longua lis inter duos potentes marquisios perduravit et multa subditis detrimenta cædes que generavit, etc. et ailleurs, consobrini erant et de fundis antecessorum suorum altercabant, Guarinus de Damfronte quem dæmones suffocaverunt ut relatam fuit, et Robertus itaque Damfrontem et Bellismum et omne jus parentum suorum solus possidebunt. Orderic Vital.

front ; car la noblesse et les habitants du pays ennuyés de ses exactions et des guerres continuelles qu'il leur mettait sur les bras, envoyèrent, environ l'an 1092, un chevalier nommé Achard, Hachard ou Herchet vers

IX. — Henri, le plus jeune des enfants de Guillaume le conquérant, qui régna depuis en Angleterre sous le nom de Henri Ier, pour le convier à venir prendre possession de cette forteresse, qu'ils promirent de lui livrer avec de l'argent et des armes pour s'y maintenir. Ce chevalier qu'ils employèrent en leur négociation, duquel apparemment les Achard de la vicomté de Domfront sont sortis et ont retenu le nom, pourrait bien être cet Achard qualifié noble et puissant qu'on trouve témoin à la fondation de l'abbaye de Lonlay (1) et peut-être aussi le même dont parle un titre de donation faite par le duc Robert Courte-Heuse, à l'église cathédrale de Rouen, en ces termes : je Robert, duc de Normandie, donne à Notre-Dame, la dîme de mon argent monnoyé qu'Achard le nourricier tenait en dépôt etc. (2). Il faudrait néanmoins qu'il fût parvenu à une extrême vieillesse.

On pourra trouver quelque chose à redire à ce procédé des habitants de Domfront, et on ne manquera pas de demander quel droit avaient ces Messieurs-là de disposer ainsi non seulement de leur foi, mais encore d'un fonds de l'ancien patrimoine de la maison de Bellême, en faveur d'un prince qui, pour lors, n'avait aucune qualité qui les pût autoriser à lui demander justice, ni lui à la leur faire contre leur seigneur, supposé qu'ils en fussent maltraités. Pour moi je n'ai rien à répondre à cela, sinon que de pareils exemples ne sont pas à suivre. Je suis pourtant persuadé qu'ils eurent leurs raisons, et que la maxime, *salus populi suprema lex,* ne manque pas d'être alléguée ; quoiqu'il en soit, la chose arriva de même. Henri qui était pour lors à la Cour de France ne fit point le scrupuleux ; il y vint déguisé, y fut fort

(1) Testis Achardus dives miles de Damfronte.
(2) *Hist. de l'egl. cathéd. de Rouen.*

bien reçu (1), et se voyant maître d'une si bonne place et secouru sous main par le roi d'Angleterre et quelques seigneurs normands, il ne tarda guère à rentrer dans une bonne partie du Cotentin, dont il venait d'être dépouillé, et à se mettre en possession de tout le Passais, d'où même il chassa le duc de Normandie, son frère, qui était venu l'y troubler.

Les Domfrontais furent plus sages dans la conduite de cette affaire que n'eussent été des enfants de lumière; ils firent jurer leur nouveau maître en entrant dans leur ville, qu'il ne la céderait jamais à personne et qu'il les laisserait toujours vivre selon leurs lois et leurs premières coutumes (ils en avaient apparemment en ce temps là, qui ne se fussent pas accommodées avec celles de Normandie). Il leur tint exactement sa parole (2). Il est vrai que cette place ne sortit point de ses mains, jusque là qu'après son établissement en Angleterre, ayant été obligé de rendre au duc, son frère, le Cotentin et quantité de forteresses qu'il tenait de-cà la mer, il se retint Domfront tout seul (3) et voulut faire croire que c'était en considération de son serment. Il se souvint même si bien toute sa vie de la manière dont Ils s'étaient donnés à lui, qu'il ne vint jamais en Normandie sans les visiter Il devint roi d'Angleterre l'an 1401 et mourut en 1435, ne laissant d'enfants légitimes qu'une fille, nommée

X. — Mahault, mariée premièrement à l'empereur Henri V, dont elle n'eut point d'enfants, puis à Geoffroy Ve du nom, comte d'Anjou, surnommé Martel et Plantagenet. Par toutes sortes de lois, cette princesse devait être son héritière. Néanmoins Etienne,

(1) L'histoire dit qu'il mit un emplâtre sur l'un de ses yeux.

(2) Cela marque peut-être encore que le pays de Domfront ne dépendait pas originairement de cette province.

(3) Solum Damfrontem sibi retinuit quia Damfrontani, quando Henricum intermiserunt, jurejurando pepigerat quod nunquam de manu suâ poneret, nec leges eorum, nec consuetudines mutaret. Ord. Vital.

comte de Boulogne et de Mortain, fils d'une des sœurs de Henri se fit déclarer roi d'Angleterre et duc de Normandie. Mahault accourut pour défendre son héritage ; et connaissant l'affection que les habitants de Domfront avaient eue pour son père, elle se jeta entre leurs bras. Eux la reçurent comme leur dame naturelle et je pense que ce fut de là qu'elle commença cette guerre où elle acquit tant de gloire que les écrivains de son temps ne craignent pas de la mettre au-dessus de ce que l'on n'a jamais vu de plus grand dans son sexe (1).

Elle laissa dans cette place deux capitaines nommés Enguerrand et Alexandre de Bohon pour être, comme ils furent pendant quelques années, les fléaux du comté de Mortain et du Cotentin et que sait-on si ce n'est pas de là qu'est venue je ne sais quelle aversion secrète qu'on remarque, ce semble, entre les habitants de Mortain et ceux de Domfront, *adeo odium certaminibus ortum ultramortem durat*, dit un historien, *Vell. Paterc.*

Mahault ne mourut que l'an 1167, suivant la chronique de Caen (2) ; mais longtemps avant sa mort,

XI — Henri IIe du nom, son fils, était duc de Normandie et roi d'Angleterre.

Domfront ne sortit pas des mains de ce prince, et environ l'an 1160, la Reine Aliénor, sa femme y accoucha d'une fille, qui y fut baptisée par Henri, légat du pape et nommée Éléonore, par Achard, abbé de St-Victor de Paris et Robert, abbé du Mont-St-Michel, ses parrains. Il ne faut pas manquer de dire pour l'honneur de Domfront que cette enfant fut dans la suite des temps mariée à Alphonse VIII, roi de Castille, dont vint Blanche, mère

(1) Maxima mulierum, dit Mathieu Paris. Mulier ultra fæmineum sexum.... rebus et animi robore insignis. Polyd. Virg.

(2) Le temps de sa mort est un assez grand problème dans l'histoire. *Chron. de Normandie;* Dumoulin, curé de Menneval 1166. — Roger de Howeden, *chron. S. elig.,* 1167. *Ab. de l'hist. de Norm.,* 1168. Mathieu Paris, Duchesne, 1186.

3

du roi St-Louis, cette incomparable reine, de laquelle un historien dit *qua venerunt omnia bona reyno Franciœ pariter cum illa*
(Guill. de Nangis, *in gestis*. St-Lud).

Le roi Henri II étant mort en l'an 1189, la reine

XII. — Aliénor, sa veuve, eut Domfront pour quelques assi-
gnations de dot ou de douaire. Il se trouve même dans le pays
quelques aveux qui lui ont été rendus. Ce fut elle qui donna un
fief à un de ses domestiques, nommé, ce me semble, Robert le
Saucier et certaines terres en ce pays là, qui de son nom furent
nommées la Saucerie Cette reine était fille de Guillaume X, duc
de Guyenne et d'Eléonore de Châtellerault. Elle avait été mariée
avec Louis VII, dit le Jeune, roi de France, dont elle avait eu
deux filles, puis en ayant été séparée sous prétexte de parenté,
elle se maria avec Henri II, roi d'Angleterre et duc de Normandie, à qui elle porta la Guyenne et plusieurs autres terres en
France, puis mourut à Fontevrault, le 31 mars 1204. Henri et
elle avaient eu plusieurs enfants, desquels deux furent successivement rois d'Angleterre et ducs de Normandie.

Richard, dit Cœur-de-Lion, fut le 1er, et l'an 1199 il vint à
Domfront, au même temps que Philippe Auguste, roi de France,
vint à Vernon, à dessein de s'assembler, comme ils firent ensuite
entre Vernon et Andely pour traiter de la paix. Richard fut tué la
même année d'un coup de flèche, au siège d'une petite ville du
Limousin, nommée Chalus ; la reine Aliénor vivait encore.

XIII. — Berengère, dite aussi par corruption Gengarie, veuve
de Richard, fille de Raymond de Barcelone et d'Aragon, reine
d'Aragon et de Navarre, jouit quelque temps, pour son douaire,
de Domfront, Falaise, Banneville, etc. (Corvaisier, *hist. des év. du
Mans, vie de Hamelin*). Puis elle céda cette jouissance au roi Jean,
d'Angleterre, son beau-frère, qui en échange, lui bailla la séné-
chaussée du Maine, lors possédée par Guillaume des Roches et
quelques autres biens dont le Roi Philippe Auguste la laissa jouir
jusqu'à sa mort. Elle vivait encore l'an 1229, comme il se justifie

par une inscription en cuivre dans l'abbaye de la Piété-de-l'Espau au Maine (*Hist. des év. du Mans, vie de Geoffroy de Laval*), qu'elle fonda en la même année et où elle est enterrée. Dans cette inscription, son père est nommé Sanche.

XIV. — Jean surnommé Sans-Terre, qui recueillit la succession du roi Richard, son frère, après avoir fait tuer son neveu Arthur, auquel l'héritage appartenait, n'en jouit pas longtemps en ce qui regarde les terres de deçà la mer, parcequ'en punition de ce parricide, il fut donné contre lui arrêt l'an 1203, portant confiscation de tout ce qu'il tenait de la couronne de France, et pour exécuter cet arrêt,

XV. Philippe IIe du nom, roi de France, dit Auguste, et le Conquérant, prit les armes et le chassa de Normandie.

Domfront vint en la puissance du vainqueur la même année 1203. Guy de Thouars, Renault, comte de Boulogne et le capitaine Guillaume des Barres le prirent en allant à Mortain. Mais ce grand roi ne se contenta pas du seul droit des armes pour posséder cette forteresse avec ses dépendances, et ayant su que Raoul, vicomte de Beaumont, l'un des héritiers de Guillaume, évêque de Chalons, dernier comte du Perche, prétendait y en avoir de légitimes, comme descendu de ces Rotrou, qui n'avaient jamais cessé de quereller Domfront contre la Maison de Bellême, il voulut s'en assurer et en effet par acte du mois de juin 1210, ce vicomte de Beaumont lui céda et à ses héritiers Domfront avec ses appartenances. Le roi le donna incontinent à

XVI. — Renault, comte de Dammartin et à cause de sa femme, comte de Boulogne, de Mortain, lequel l'avait beaucoup servi dans la guerre de Normandie. Ce comte ne le posséda pas longtemps, parce qu'il se brouilla avec le roi, son bienfaiteur, qui, l'an 1211, selon la chronique de Rouen, fit reprendre Domfront et les autres forteresses qu'il tenait dans le royaume. S'étant ensuite ligué avec l'empereur Othon et Ferrand, comte de Flandres, le roi gagna contre eux la mémorable bataille de Bouvines, l'an 1215, Renault y fut pris et mourut prisonnier à Péronne.

De son mariage avec Ide, comtesse de Boulogne, il avait une fille, nommée Mahault, unique héritière de tous les biens des Dammartin et de Boulogne, que le roi avait fait épouser à son second fils.

XVII. — Philippe, dit Hurepel ou le Rude, auparavant comte de Clermont et depuis son mariage qualifié comte de Boulogne. Le roi son père lui donna le comté de Mortain et Domfront (1), par acte de l'an 1223. Il prétendit l'an 1224 que la Ferté-Macé était mouvant de la vicomté de Domfront, sur quoi il y eut enquête de plusieurs chevaliers, entre autres Robert de St-Hilaire et Guillaume de Marle, qui déposèrent que la Ferté était tenu du roi en baronnie et que le comte de Mortain n'avait jamais eu l'hommage des seigneurs de la Ferté (La Roque, *hist. d'Harcourt*). On trouve au f⁰ 119 de l'inventaire des titres de la Maison d'Alençon, des lettres du mois d'octobre 1233 par lesquelles Philippe et Mathilde renoncèrent au droit qu'ils avaient de choisir pour abbé de Lonlay un des trois religieux qui leur étaient présentés par le couvent, se réservant seulement, qu'on ne pourra procéder à l'élection sans leur permission et que l'abbé sera tenu de leur faire serment de fidélité. Philippe mourut la même année 1233. Mahault qui épousa depuis Alphonse III, roi de Portugal, vécut jusqu'en 1258.

De son premier mariage avec Philippe, elle avait eu une fille. nommée Jeanne, mariée à Gaucher de Châtillon, seigneur de St-Aignan et de Monjay, mais elle et son mari moururent avant la mère.

La succession de Mahault, comtesse de Boulogne, fut très-longtemps disputée entre les descendants d'une autre Mahault, femme de Henri I⁰ʳ, duc de Brabant, sœur d'Ide sa mère. La veuve de Robert I⁰ʳ, comte d'Artois, qui s'appelait aussi Mahault et était

(1) Comitatum Moritanii et Damfrontis in Passeio, dit le titre.

fille du duc Henri II, de Brabant, fut une des prétendantes ; le roi, peut-être en cette considération là, mit Domfront entre les mains de

XVIII. — Robert II° du nom, comte d'Artois, fils unique de Robert Ier et de la même Mahault, dont je viens de parler. Il le posséda quelque temps, puis il le donna à

XIX. — Philippe d'Artois, seigneur de Conches, Domfront et Mehun-sur-Yèvre, son fils, en faveur de son mariage avec Blanche de Bretagne, l'an 1280. Ce fils mourut l'an 1292, avant son père, qui vécut jusqu'en l'an 1303, mais parce que le contrat de mariage portait que ce cas avenant, les enfants qui seraient nés de cette alliance auraient droit sur Domfront, Conches et Mehun-sur-Yèvre, ces terres passèrent aux enfants de Philippe. Paradin lui donne deux fils (*al. gén. de la M. d'Anj.*), (car les autres généalogistes ne lui en donnent qu'un), Robert d'Artois III° du nom, comte de Beaumont-le-Roger, etc. et un autre fils qu'il ne nomme point et qui pourrait être ce

XX. — Guillaume d'Artois dont il est parlé dans une copie d'un prétendu titre de l'abbaye de Lonlay, duquel l'original est perdu, qualifié comte de Mortain et seigneur de Domfront, et qu'on prétend avoir confirmé les droits du prieuré de St-Symphorien du château de Domfront, dépendant de cette abbaye (1). S'il y a eu un Guillaume d'Artois, car je ne le tiens pas trop certain, il y a apparence qu'il ne vécut pas longtemps. Il n'eut pas d'enfants, puisque aucun historien ne parle de lui et que

XXI. — Robert d'Artois IIIe du nom, l'autre fils de Philippe est partout qualifié comte de Beaumont-le-Roger, seigneur de Conches, Domfront et Mehun-sur-Yèvre. Il se voit dans le pays quantité de titres qui parlent de lui, et dans l'inventaire d'Alençon, où on trouve deux lettres non signées ni datées, contenant la présentation que le couvent de Lonlay lui fait comme à son

(1) Cela est traité plus particulièrement dans les comtes de Mortain,

fondateur, d'un abbé nouvellement élu, le priant de le recevoir en son obéissance. Pour quelque mécontentement, il se joignit aux ennemis de l'Etat et à cause de cela, ses biens furent confisqués en l'an 1331. Chopin parle de la réunion de Domfront au domaine de la Couronne par cette confiscation; ce fut sous le roi Philippe de Valois, duquel Robert avait néanmoins épousé la sœur.

C'est ce Robert d'Artois duquel les informations faites pour la vérification des lettres patentes obtenues par feu M. Berrier, au sujet des fiefs qu'il a acquis du Roi, parlent tant; celui qui a dressé le plan de toute cette affaire et qui a donné les mémoires pour l'information, a fait écrire qu'un certain homme, appelé Maignen, duquel et de sa femme Aveline, le plus considérable des fiefs acquis porte le nom (le fief Maignen et Aveline), était capitaine des gardes de Robert d'Artois lorsqu'il sortit du royaume et que ce fief qu'il possédait, fut confisqué pour avoir suivi son maître dans sa rébellion. Je crois bien que ce fief a été confisqué sur un nommé Maignen; je pense même avoir vu quelques titres, bien que moins anciens, qui en parlent; je ne sais point si ce Maignen vivait du temps de Robert d'Artois et encore moins s'il était à lui, mais il y a grand sujet de soupçonner que la qualité de capitaine des gardes de Robert d'Artois, qu'on lui donne est une qualité imaginaire.

Il me semble avoir lu quelque part que le premier de nos Rois qui a pris une garde particulière est Jean (abrégé de l'histoire de Scipion Dupleix), qui y fut obligé par les entreprises que le roi Edouard III, d'Angleterre, fit faire sur sa personne, à son avènement à la couronne, pendant une trève en 1350, c'est-à-dire environ vingt ans après la condamnation du comte de Beaumont-le-Roger, qui même était mort au-delà de la mer, dès l'an 1343 L'historien ajoute que les Français en furent étonnés parce que ses prédécesseurs ne s'étaient jamais servis de gardes et que les Rois en ce temps là n'en connaissaient point d'autres que l'amour de leurs sujets et leur Noblesse, dont ils étaient toujours environnés et qui, en tout temps, a été prête d'exposer sa vie aux plus grands périls pour conserver la personne de son prince. Qu'on juge de-là si c'est une chose si certaine que Robert d'Artois, tout prince du sang royal qu'il était, eût une garde ordinaire et un capitaine des gardes? Pour moi qui ne me pique ni de science ni d'imagination, j'en croirai tout ce qu'on voudra.

Claude Paradin en faisant le dénombrement des terres que Philippe d'Evreux, roi de Navarre obtint de la confiscation de Robert d'Artois, son oncle maternel, compte Domfront, mais il se trompe; la preuve en est claire au trésor des chartres où l'on trouve des lettres scellées à Verneuil au mois de décembre 1343. portant acceptation par Charles de Valois, comte d'Alençon, au nom de

XXII. — Philippe, son second fils, du don de la châtellenie de Domfront que lui avait fait le roi Philippe de Valois, son oncle et son parrain, au mois de mai précédent.

Ce Philippe d'Alençon, qui après avoir été évêque de Beauvais, archévêque de Rouen, patriarche de Jérusalem et d'Aquilée, puis cardinal, évêque d'Ostie, mourut à Rome en odeur de sainteté, le 15 août 1397, avait longtemps avant sa mort, cédé la même châtellenie de Domfront à Pierre et Robert d'Alençon, ses frères ; car au fo 18 de l'inventaire des titres de cette Maison, on voit des partages faits le 20 janvier 1367, entre ces deux frères, des terres, châteaux et forteresses de Fougères, Château-Josselin, Parhouet et Domfront-en-Passais, à eux donnés par leur frère Philippe.

XXIII. — Pierre eut en son partage le comté d'Alençon, Domfront, Fougères, etc. et on trouve au fo 118 du même inventaire des lettres de cette année 1367, portant union de Domfront au comté d'Alençon, bien que cette châtellenie dépendît nuement, disent les lettres, de la duché de Normandie, de laquelle elle est séparée. Et dans les lettres, il est fait mention de la donation faite par le Roi à Philippe d'Alençon, son neveu. Ce comte épousa Marie Chamillard d'Antenaise, vicomtesse de Beaumont, de laquelle il eut plusieurs enfants, et mourut le 20 septembre 1404, à Argentan qu'il avait acquis pour 6,000 livres de Jean de Chatillon et de Marie de Montmorency, le 3 février 1362. Il fut surnommé le Noble ou le Royal.

XXIV. — Jean Ier, duc d'Alençon, son fils, fut seigneur de Domfront, qui était uni à cette grande terre, laquelle fut érigée en duché par le roi Charles VI, le 1er janvier 1414.

Dans la cruelle division des ducs de Bourgogne et d'Orléans' il suivit le parti de ce dernier et mit une forte garnison dans Domfront, laquelle faisant des courses sur les terres du Maine qui appartenaient au duc d'Anjou engagé dans l'autre parti, Antoine de Craon fut envoyé pour l'assiéger. La ville fut d'abord prise, mais le château s'opiniâtra si fort et si longtemps à se défendre que le Connétable, envoyé pour soutenir les assiégeants, fut contraint d'abandonner l'entreprise, et de se contenter de faire bâtir un fort proche de là, pour empêcher les courses de la garnison et mettre tous leurs voisins en repos. Cela se fit en l'an 1411 ou 1412.

Le duc Jean commandait l'armée du roi l'an 1415, à la bataille d'Azincourt et il y fut tué proche le roi d'Angleterre, Henri V, auquel, disent les anciennes histoires, il avait abattu partie de sa couronne, d'un coup de hache asséné sur son heaume.

Il avait épousé Marie de Bretagne, dont il eut plusieurs enfants.

XXV. — Jean II, son fils, sunommé le Beau-Duc lui succéda en toutes ses terres. Il souffrit de grandes pertes de l'invasion des Anglais, qui jouirent longtemps de son bien. Sa personne même tomba entre leurs mains, l'an 1424, à la bataille de Verneuil, où il eût été tué, si Pierre Bâtard d'Alençon, son frère, seigneur de Galardon et le sieur de Saint-Père, surnommé le Borgne Blusset, n'eussent abandonné leur vie pour sauver la sienne

Cette prison lui coûta encore beaucoup d'argent, toutes ses pierreries, tous ses meubles, et lui fit vendre Fougères, Baroches, Entrain à moitié prix au duc de Bretagne, son oncle, qui lui devait néanmoins d'ailleurs plus de 40,000 écus. — *Nota*, dit Perceval de Cagny, tel est parent qui n'est ami.

Domfront avait été obligé de se rendre dès le 22 septembre 1418, au comte de Warvic et au sire Talbot, anglais, lesquels au mois d'avril précédent, en avaient commencé le siège avec tant d'ordre que le Bâtard d'Alençon envoyé pour le secourir, n'osa l'entreprendre bien qu'il n'y eût pas dans le royaume un plus brave homme que lui. Cette forteresse fut presque trente ans en leurs mains; mais enfin leurs affaires étant sur le déclin, Charles de Culant, grand maître d'hôtel et le sieur de Blainville, avec 1400 archers et quantité de noblesse la reprirent le 2 août 1448 et la rendirent à son véritable maître, après en avoir chassé 800 Anglais qui s'y étaient vigoureusement défendus.

Le duc d'Alençon fit parfaitement bien son devoir pendant la guerre contre ces usurpateurs, et travailla autant qu'aucun autre à les chasser de France ; mais n'ayant pu obtenir du Roi les récompenses qu'il en attendait de ses peines et de ses pertes, il commença à croire qu'il lui était permis de les chercher par d'autres voies; et il fut si malheureux que ceux de son conseil qui devaient lui ôter une si mauvaise pensée, travaillèrent à l'y fortifier et à lui persuader qu'en conscience il devait de toutes ses forces réparer le tort qu'il avait fait au Roi d'Angleterre à le chasser do Normandie, qui était, disaient-ils, son légitime et véritable héritage. Ces mauvais serviteurs furent un Jacobin d'Argentan, son confesseur et un nommé Thomas Gillet, prêtre, natif de Domfront, son aumônier (Perceval de Cagny). Les donneurs d'avis se chargèrent de la négociation; le Jacobin fit hardiment un voyage en Angleterre; mais pour Gillet, quand ce fut à son tour de passer la mer, il n'en voulut plus entendre parler, et dit que dans deux jours il donnerait un homme. Le duc vint à Domfront et l'aumônier lui amena un sien parent, boiteux des deux hanches, fort pauvre, né dans une paroisse voisine, nommé Pierre Fortin, qu'on appelait le Tart-Fileux, parce qu'il filait comme une femme, auquel le duc donna des lettres signées de lui, dans un bâton creux, avec ordre de les porter en Angleterre; mais l'aumônier était d'accord avec son cousin qu'il les porterait au roi de France, ce qu'il fit. Je n'oserais blâmer ce qu'il fit. Je n'oserais blâmer ce retour de Gillet, les plus courtes folies sont les meilleures; mais il devait prendre garde au premier pas, et ne pas se mettre en état de ne pouvoir plus être fidèle à son Roi sans être traitre à son maître; pourquoi tout au moins ne lui conseillait-il pas le repentir, comme il lui avait conseillé le crime?

Sur cela, le duc fut arrêté en l'an 1455. Puis par arrêt du mardi 10 octobre 1458, condamné à perdre la tête, ses biens confisqués; l'exécution néanmoins fut sursise.

Depuis cela, le roi Charles VII étant mort, Louis XI (1) que le duc avait favorisé en sa révolte contre son père, le remit en liberté et en ses terres, par lettres données à Tours le 11 octobre 1461, retenant néanmoins de commettre des capitaines et gardes de par lui aux places de Verneuil, Domfront et Sainte-Suzanne, comme porte la contre-lettre que le duc lui donna le lendemain 12 octobre. Cette grâce le devait tenir attaché au parti de son bienfaiteur, il prit pourtant un chemin contraire dans la guerre du Bien public, et mit les Bretons dans toutes ses places et notamment dans Domfront, qu'ils tenaient encore contre le Roi au mois de janvier 1467. Pour cela il fut une seconde fois arrêté prisonnier à Brésolles en allant à sa terre de Château-Neuf le 22 septembre 1472, par Tristan l'Hermite, prévôt de Paris, qui le mena à Conches, d'où il fut transféré à Paris neuf mois après. Il arriva à Paris le mercredi 16 juin suivant, veille du Saint-Sacrement, entre 9 et 10 heures du soir, conduit par MM. de

(1) Le duc était parrain du roi Louis XI et la comtesse de Tonnerre sa marraine.

Gaucourt et de la Châtelière pour être mis prisonnier au château du Louvre, où il entra le lendemain à la même heure, après avoir couché cette nuit là au Lion-d'Argent, rue St-Honoré, puis le jeudi 28 décembre 1475, environ 6 heures de nuit, il en sortit par la permission du Roi et fut mené par ses gardes dans une maison bourgeoise à Paris. Chron. du roi Louis XI, imp. 1558.

Il avait été encore condamné à mort par un second arrêt du 18 juillet 1474, qui ne fut pas plus exécuté que le premier.

Le duc mourut à Paris de mort naturelle l'an 1476 à l'âge de 67 ans et l'an 1478, le roi rétablit

XXVI. — René, fils du duc Jean II et de Marie d'Armagnac au droit de succéder au duché d'Alençon, comté du Perche, avec dignité de Pairie et en tous les autres biens qui avaient appartenu au feu duc, son père, avant les arrêts donnés contre lui, selon la promesse qu'il lui en avait faite par lettres données au Mans, le 20 janvier 1467, lorsqu'il rendit Alençon au Roi, pendant la guerre, en abandonnant le parti de son père. Le Roi se retint néanmoins Domfront, Sainte-Suzanne et Pouancé, parce que c'étaient places frontières, au lieu desquelles il bailla au duc René, pour Pouancé la comté de Beaumont-le-Roger, pour Sainte-Suzanne Nonancourt et pour Domfront le comté de Conches et Breteuil et la vicomté d'Orbec, en ce compris la portion que le Roi avait au bourg de Bernai; et ainsi voilà encore une fois Domfront entre les mains du Roi.

Le duc René ne fut pas exempt de disgrâce; il fut emprisonné à Chinon par l'ordre du roi. On commença son procès le mardi 11 août 1481, et il fut poursuivi avec beaucoup de chaleur tant au même lieu de Chinon qu'au bois de Vincennes, jusqu'à l'arrêt donné contre lui le 22 mars 1482, qui ne le condamne qu'à des soumissions envers le Roi, à lui garder fidélité à l'avenir, lui en bailler bonne et suffisante caution et jusque-là tenir prison. Il mourut le 1er novembre 1492, et laissa un fils et deux filles de Marguerite de Lorraine, son épouse.

XXVII. — Charles, son fils, premier prince du sang, fut duc d'Alençon après lui et il y a apparence que le Roi lui remit Domfront, du moins quant au domaine. s'il en retint la forteresse, puisque dans l'inventaire d'Alençon, on trouve des lettres du roi Louis XII, à Blois le 10 octobre 1509, contenant la foi et hommage faits au Roi par Charles en personne, du duché d'Alençon composé des vicomtés d'Alençon, Domfront, Argentan, etc.

Il avait épousé Marguerite d'Angoulême, dite aussi d'Orléans ou de Valois, sœur du roi François Ier, de laquelle il n'eut point d'enfants et par là finit cette branche de la Maison royale. Il fut tendrement aimé du Roi, son beau-frère, duquel la prise à la bataille de Pavie, jointe à quelques reproches qu'il se faisait justement de ne s'être comporté en cette occasion comme l'eût dû faire un prince de son rang, lui causa tant de douleur, qu'il en mourut à Lyon le 11 avril 1525, au retour d'Italie.

Après sa mort, le roi se saisit du duché d'Alençon qui demeura uni au domaine de la Couronne jusqu'à ce que l'an 1549, le roi Charles IX, le donna à la reine

XXVIII. — Catherine de Médicis sa mère. Domfront y fut compris et j'ai vu des aveux qui lui ont été rendus de quelques fiefs des dépendances de la châtellenie de Domfront.

Cette reine se démit volontairement du duché d'Alençon, l'an 1566 et il fut donné au même temps en toute son intégrité à

XXIX. — François de France, frère du roi, pour son apanage. De son temps les huguenots se saisirent de Domfront ; ce fut l'an 1574 et le comte de Montgommery, tout grand capitaine qu'il était, fut assez peu sage pour se venir enfermer dans cette place, qui dès lors ne passait plus pour bonne (histoire de Fr. de ce temps) et dont les murailles commençaient à tomber d'elles-mêmes.

Cette faute fut la dernière qu'il fit. Car M. de Matignon qui l'y vint assiéger, l'ayant pris et mené à la Cour, on lui coupa la tête le samedi 25 juin. Ce siège est décrit fort exactement dans une certaine histoire intitulée hist. de France de ce temps. Le château de Domfront fut tost après démoli par ordre de la Cour.

Le duc François d'Alençon mourut à Château-Thierry le 10 juin 1584, âgé de 28 ans, 2 mois, 25 jours et le duché fut encore une fois uni au domaine de la Couronne. Depuis ce temps-là, Domfront n'en a été séparé que par des engagements à faculté de rachat perpétuel.

Mlle Anne-Marie-Louise d'Orléans, duchesse de Montpensier, etc. l'a tenu à ce titre et après elle,

Philippe de France, frère unique du roi Louis-le-Grand.

Philippe, duc d'Orléans, petit-fils de France, le tient à présent au même titre.

TABLE

Des Seigneurs de Domfront.

—

Yves, comte de Bellême et d'Alençon, seigneur de Domfront.. I.

Guillaume Talvas I, comte de Bellême.......... II.

Guarin, seigneur de Domfront................. III.

Robert de Bellême I.......................... IV.

Guillaume de Bellême II...................... V.

Yves de Bellême, évêque de Séez.............. VI.

Roger de Montgommery........................ VII.

Robert de Bellême II......................... VIII.

Henri I, roi d'Angleterre.................... IX.

Mahault...................................... X.

Henri II, roi d'Angleterre................... XI.

Aliénor, reine d'Angleterre.................. XII.

Berengère, reine d'Angleterre................ XIII.

Jean, roi d'Angleterre....................... XIV.

Philippe II, roi de France .... XV.

Renault, comte de Dammartin et de Boulogne..... XVI.

Philippe de France, comte de Boulogne.......... XVII.

Robert II, comte d'Artois.................... XVIII.

Philippe d'Artois............................ XIX.

Guillaume d'Artois, incertain.................... XX.

Robert d'Artois III .... XXI.

Philippe d'Alençon, archevêque de Rouen......... XXII.

Pierre, comte d'Alençon....................... XXIII.

Jean Ier, duc d'Alençon .... XXIV.

Jean II, duc d'Alençon........................ XXV.

René, duc d'Alençon.......................... XXVI.

Charles, duc d'Alençon....................... XXVII.

Catherine de Médicis, reine de France........... XXVIII.

François de France, duc d'Alençon............. XXIX.

Anne-Marie-Louise d'Orléans, souveraine de Dombes, duchesse de Montpensier, dame de Domfront, par engagement.

Après elle, Philippe de France, frère du roi Louis XIV.

Philippe, duc d'Orléans, petit-fils de France le tient à présent au même titre.

www.ingramcontent.com/pod-product-compliance
Lightning Source LLC
LaVergne TN
LVHW052150080426
835511LV00009B/1769